# X & Michelle in den Flitterwochen

Für meinen
Ehemann

Autoren / Bilder / Cover

Dirk L. Feiler

Tanja Feiler

# Zuhause

Die Cute Pets toben herum, albern und lassen es sich gut gehen. Doch sie warten auch auf eine Grusskarte von dem Brautpaar, Michelle der Maus und X, dem Künstler.

Kitty hat mal wieder in der Fotokiste gestöbert. Als Alien die Idee mit Cute Pets on Space hatte, verrückte Fotomontagen, war sie schon ein wenig skeptisch. Doch alle fanden es lustig, und auch Kitty musste

herzhaft lachen.
Und endlich, es
kommt Grusspost
von dem
Brautpaar aus
Ägypten.

Grüsse aus dem sonnigen Ägypten Euch allen X & Michelle

Wow, was Michelle
für einen schönen
Badeanzug an,
das ist ja
traumhaft. Doch
der Postbote
bringt noch mehr,
einen Brief mit
Bildern. Michelle
schreibt:

Hallo ihr Lieben,

wie ihr auf den Bildern sieht, haben wir erst mal kräftig am Strand relaxt. Dann die Sehenswürdigkeiten im Rahmen einer Bustour gesehen und gestern war 10

Jahres Event – X
im Smoking und ich
im Abendkleid –
kicher – von DLFV,
ihr wisst ja, das
ist die Familie von
Kitty, Herr und
Frau Feiler, die
sich wie Sammy für
soziale Projekte
einsetzen. Kitty
freut sich
bestimmt, dass sie

jetzt schon Bilder
hat. So jetzt gehen
wir baden, bis
bald ihr Lieben.

Grüße

X und Michelle

# 10 JAHRE JUBILAEUM DLFV

TANJA M FEILER

DIRK L FEILER

Besonders    Danke
ich meinem Mann

www.ingramcontent.com/pod-product-compliance
Lightning Source LLC
Chambersburg PA
CBHW040318010626
45792CB00023B/1008